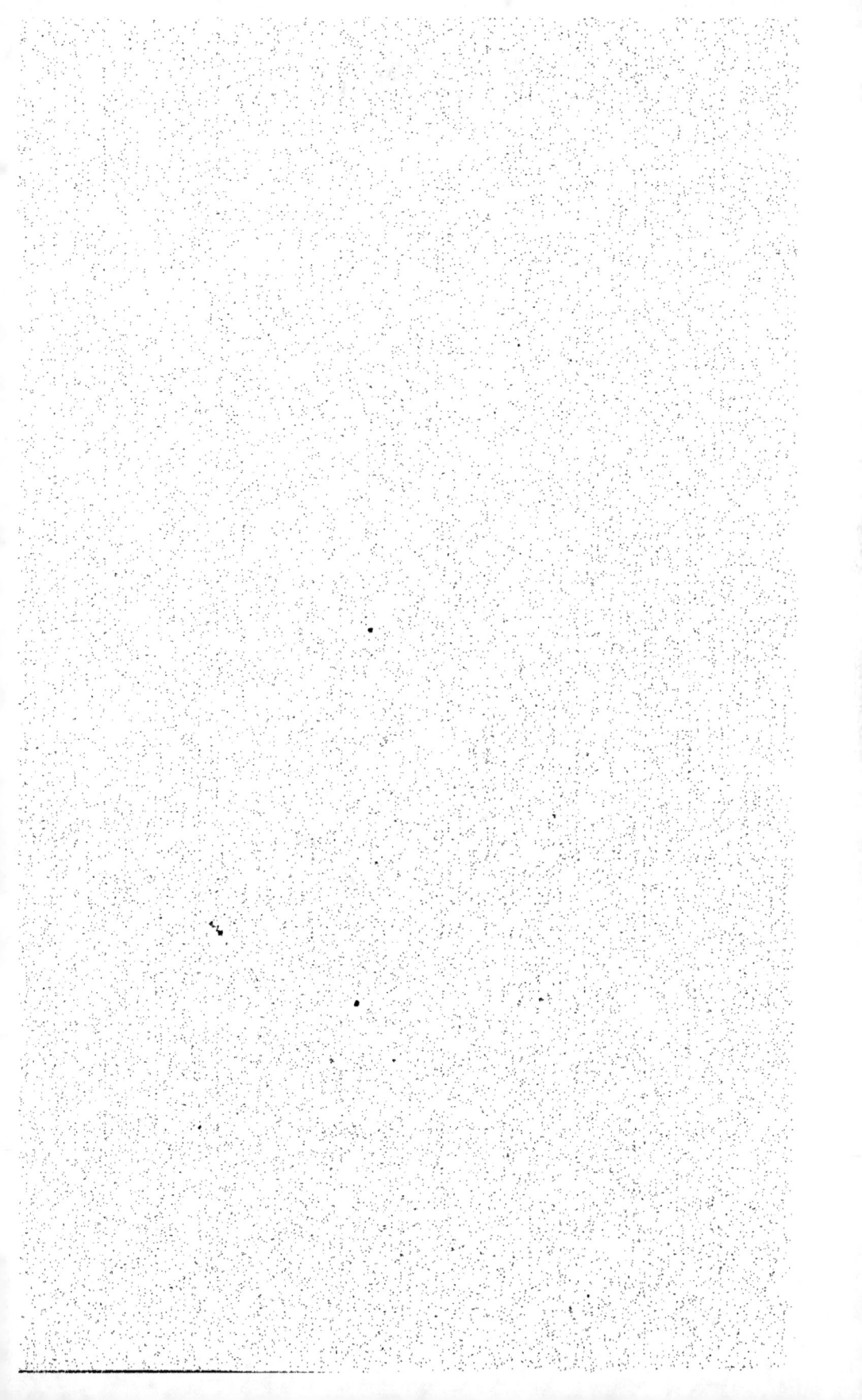

OLIMPIE,

TRAGÉDIE LYRIQUE

EN TROIS ACTES,

IMITÉE DE VOLTAIRE,

REMISE AU THÉÂTRE DE L'ACADÉMIE ROYALE DE MUSIQUE,

LE 27 FÉVRIER 1826.

———

PRIX : 2 fr.

A PARIS,

Chez ROULLET, Libraire de l'Académie royale de
Musique et du Théâtre royal Italien, rue Villedot,
n° 9, en face le passage du café de Foi.

1826.

Paroles de MM. DIEULAFOI et BRIFAUT.

Musique de M. SPONTINI.

Ballets de M. GARDEL.

Décorations de MM. DEGOTTI et CICÉRI.

IMPRIMERIE DE JULES DIDOT AINE,

imprimeur du Roi,

Rue du Pont-de-Lodi, n° 6.

PERSONNAGES CHANTANTS.

Prêtres.

MM. Levasseur.
Richetaux.
Guignot.
Bouvenne.
Berdoulet.
Royer.

Doutreleau.
Heus.
Gaubert.
Gousse.
Picardat.
Dauger.

Laty.
César.
Begrez.
Charpentier.
Godefroi.

Prêtresses.

M⁽ᵉˢ⁾ Reine.
Sèvres.
Augusta.
Blangy.

Lachnick.
Barbier.
Ménard aînée.
Lebrun.

Ménard cad.
Falcoz.
Grosneau.
Delboy.

Dames d'Éphèse.

Thomassin.
Fenouillet.
Larcher.
Georges.
Proche.
Forcade.

Kechmans.
Chevalier.
Mazé.
Dussart.
Gambin.
Bataillard.

Lecoq.
Lepoint.
Lorotte.
Jawureck 2ᵉ.

Guerriers.

MM. Picard.
Prévost.
Goyon.
Gaudefroi.
Ducauroy.
Guyon.
Forgues.

Esmery.
Courtin.
Vaillant.
Gontier.
Lallement.
Monneron.
Laussel.

Ménard.
Murgeon.
Legros.
Robin.
Cayani.
Tardif.
Cognet.

DANSE.

ACTE PREMIER.

Jeunes initiés.

Premier corps.

M. Ferdinand, Mᵐᵉ Montessu.

MM. Callaut, Frémole, Marqueton, Déjazet 1ᵉʳ.
Mˡˡᵉˢ Pean, Campan, Coupotte, Aline 2ᵉ.

Deuxième corps.

M. Barrez, Mˡˡᵉ Bertrand 1ʳᵉ.

MM. Chatillon, Baguet, Finard, Richard.
Mˡˡᵉˢ Picot, Puech, Trotin, Cava.

Troisième corps.

M. Lefèvre, Mˡˡᵉ Julia.

MM. Kaifer, Guichard, Déjazet 2ᵉ, Crombé.
Mˡˡᵉˢ Lamotte, Chavigni, Bertrand 2ᵉ, Larchet.

THÉORIES.

Guerriers asiatiques.

MM. Seuriot, Godefroi, Élie.
Mᵐᵉˢ Lacroix, Beaupré, Darmancourt.

Chasseurs.

MM. Petit, L. Petit, Galais.
Mᵐᵉˢ Naderkor, Joly, Gosselin.

Moissonneurs.

MM. Vincent, Grosneau, Martin, Carrez.
Mᵐᵉˢ Seuriot 1ʳᵉ, Pérès, Rouge, Kaniel.

Jeunes Grecs.

MM. Faucher, Péqueux, Cornet, Gondouin.

Bacchantes.

Mmes Launer, Hullin, Vigneron.

Mmes Bassompierre, Beaudesson, Delacquit, Seuriot 2e.

Jeunes initiés.

Mlles Fitjames 3e, Delamome, Blangi, Albertine, Jouve, Cottereau, Fitjames 2e, Coéllna, Vagon, Keppler 2e. MM. Paul, Gatinot.

ACTE SECOND.

Prêtresses.

Mmes Chanez, Lingis, Tempier, Padeloup, Fitjames 1re, Lecomte, Maillet, Anquetil.

Les trois corps des jeunes initiés du premier acte.

ACTE TROISIÈME.

Asiatiques nobles.

M. Paul, Mmes Montessu et Julia.

MM. Petit, Romain, Pillain, Élie, Isambert. Mmes Naderkor, Joly, Gosselin, Ferdinand, Saulnier.

Asiatiques du peuple.

MM. Callaut, Frémole, Marqueton, Déjazet 1re. Mlles Péan, Campan, Coupotte, Aline 2e.

Guerriers éphésiens.

MM. Albert, Gosselin.

MM. Seuriot, Godefroi, L. Petit, Lenfant 2ᵉ, Rivière.

Amazones.

Mᵐᵉˢ Anatole, Lacroix 1ʳᵉ,
Élie, Buron.

Mᵐᵉˢ Montjoie, Beaupré, Darmancourt, Lacroix 2ᵉ, Leclerq.

Jeunes Grecs.

Mˡˡᵉˢ Noblet, Legallois.

MM. Vincent, Grosneau, Martin, Carrez, Gondouin.
Mˡˡᵉˢ Seuriot 1ʳᵉ, Pérès, Kaniel, Lemonnier, Rouge.

Jeunes filles égyptiennes jetant des fleurs.

Mˡˡᵉˢ Joly, Bassompierre, Beaudesson, Seuriot 2ᵉ, Delacquit, Keppler 1ʳᵉ, Questienne, Aimée, Picot, Puech, Trottin, Maisonneuve.

Guerriers d'Antigone.

MM. Chatillon, Alerme, Lenfant 1ᵉʳ, Olivier.

Guerriers de Cassandre.

MM. Begrand, Ropiquet, Guyot, Gosselin.

Les douze jeunes initiés qui terminent le premier acte.

Soldats.

Quatre divisions du parti d'Antigone.

Quatre divisions du parti de Cassandre.

PERSONNAGES.	ACTEURS.
CASSANDRE, fils d'Antipatre, roi de Macédoine.	M. Adolp. NOURRIT.
ANTIGONE, roi d'une partie de l'Asie.	M. DÉRIVIS.
STATIRA, veuve d'Alexandre, connue d'abord sous le nom d'Arzane.	Mme BRANCHU.
OLIMPIE, fille d'Alexandre et de Statira, connue d'abord sous le nom d'Aménaïs.	Mlle CINTI.
L'HIÉROPHANTE, ou grand-prêtre qui préside à la célébration des grands mystères.	M. BONEL.
ARBATE, officier de Cassandre.	M. TRÉVAUX.
HERMAS, officier d'Antigone.	M. POUILLEY.
PRÊTRES.	
MINISTRES INFÉRIEURS.	
INITIÉS.	
MAGES.	
PRÊTRESSES.	
GRANDS DU ROYAUME.	
SOLDATS.	
PEUPLES.	
BACCHANTES.	
AMAZONES.	
NAVIGATEURS, etc., etc., etc.	

La scène est à Éphèse.

OLIMPIE,

TRAGÉDIE LYRIQUE.

~~~~~~

ACTE PREMIER.

(Le théâtre représente la partie la plus élégante des portiques formant l'enceinte du temple de Diane, A droite,
le péristyle de ce temple est aperçu sur un soubassement
qui renferme l'escalier par lequel les prêtres et les rois
descendent dans la place ; le fond laisse voir la continua-
tion des portiques ornés de statues de différentes divi-
nités, et des arcs de triomphe, parmi lesquels on distingue celui qu'Alexandre consacra à Diane à l'époque de
son mariage avec Statira. Plus loin est l'enceinte appelée
Dorique, au travers de laquelle on découvre une grande
partie de la ville d'Éphèse située sur le penchant du
mont Illissus, et la plaine baignée par le Caystre, dont
les eaux vont se perdre dans la mer. Au milieu du théâtre, sous les premiers portiques, s'élève le groupe des
trois Graces, qui, représentant chez les anciens la Con-
corde et l'Amitié, recevoient tous les serments publics.

Au lever de la toile, les chœurs occupent déja la scène;
ils sont groupés autour de la statue des Graces.)

I

SCENE PREMIERE.

PEUPLE, *ensuite* L'HIÉROPHANTE, PRÊTRES.

CHŒUR DU PEUPLE ET DES GUERRIERS.

> RÉJOUIS-TOI, ville sacrée,
> Éphèse, où Diane adorée
> Reçoit les tributs des mortels:
> La paix a chassé les tempêtes,
> La paix nous ramène nos fêtes.
Diane a recouvré sa gloire et ses autels.

L'HIÉROPHANTE; *il sort du temple après la fin du chœur; il est accompagné de prêtres.*

Oui, depuis le trépas du maître de la terre,
Jamais un jour si beau n'avoit brillé sur nous.
Ces rois qui, d'Alexandre usurpant le tonnerre,
Désoloient l'univers ébranlé sous leurs coups,
Abjurent dans ce temple une haine homicide;
Le ciel veut qu'Antigone à nos fêtes préside.
Il a permis qu'à nos mystères saints
Cassandre fût admis par mes pieuses mains,
Qu'il épurât sa vie, et qu'un chaste hyménée
Embellit aux autels sa noble destinée.
Voici ces deux héros: ils viennent sous vos yeux
Confirmer leurs serments qu'ont accueillis les dieux.

SCENE II.

LES PRÉCÉDENTS, ANTIGONE, CASSANDRE.

(Ils arrivent sur la marche qui forme la ritournelle du duo; ils sont précédés par leurs officiers: le cortège se place en ordre sur la scène. L'Hiérophante et les prêtres rentrent en même temps dans le temple.)

DUO.

CASSANDRE ET ANTIGONE *ensemble.*

Vous, amis de la gloire, et vous, peuples fidèles,
    Dans ces fêtes solennelles
    Que vos rois soient vos modèles :
    Partagez leurs nobles vœux.
    Qu'entre nous la paix jurée
    A la Grèce rassurée
    Rende enfin des jours heureux.

(Pendant l'invocation suivante, les officiers de Cassandre et d'Antigone renouvellent leurs serments devant le groupe des Graces.)

INVOCATION.

Fille du ciel, ô vertu qu'on adore,
    Amitié sainte, je t'implore !

Dans nos cœurs règne à ton tour ;
Que ton charme ajoute encore
Aux bienfaits d'un si beau jour.

CASSANDRE.

Qu'ils frémissent d'Antigone
Les rivaux en vain jaloux,
Et qu'à l'ombre de mon trône
Le sien brave leur courroux.

ANTIGONE.

Oui, périssent de Cassandre
Les coupables ennemis !
Que le sceptre d'Alexandre
Par nos mains lui soit remis !

ENSEMBLE.

Nœuds sacrés, heureux délire,
Qu'à nos cœurs ce jour inspire,
Vous allez fonder l'empire
Que les dieux nous ont promis !

CHŒUR GÉNÉRAL.

Nœuds sacrés, heureux délire,
Qu'à nos cœurs ce jour inspire,
Vous allez fonder l'empire
Que les dieux nous ont promis !

SCÈNE III.

ANTIGONE, CASSANDRE, HERMAS
ET ARBATE.

ANTIGONE, *à part.*

Voici l'instant de lire dans son ame,
De pénétrer des secrets importants!
(*haut.*)
Unissons-nous, seigneur, et d'une ligue infame
Affranchissons l'Asie; elle a vu trop long-temps
Des tyrans effrénés, altérés de carnage,
D'Alexandre au tombeau dévorer l'héritage.

CASSANDRE, *d'un air sombre et troublé.*

Plût aux dieux qu'Alexandre à ces ambitieux
Fît du haut de son trône encor baisser les yeux!
Plût aux dieux qu'il vécût!

ANTIGONE.

           Ce vœu doit me surprendre!
Est-ce au fils d'Antipatre à pleurer Alexandre?

CASSANDRE.

Antipatre! Ah! seigneur, cessez d'ajouter foi
A l'horrible soupçon qui pèse sur sa cendre.
Mon père est innocent du trépas de son roi.
Non, il n'a point commis ce forfait que j'abhorre.

ANTIGONE.

Le monde l'accusa.

CASSANDRE.

Le monde fut trompé.
Le coupable se cache encore;
Mais aux regards des dieux il n'a point échappé.

AIR.

O souvenir épouvantable!
Qui jamais t'anéantira?
Voyez-vous ce fer exécrable
Plongé par un barbare au sein de Statira?
Pour assouvir sa rage impie
A son berceau sanglant on arrache Olimpie.
O ciel! je vois encor cet horrible festin
Où, trompant mon jeune âge,
Un monstre inhumain
Du fatal breuvage
Ose armer ma main.
Hélas! tout seconde
Son affreux dessein;
Le héros du monde
Trouve un assassin.
O justice du ciel! puissance tutélaire!
Mon cœur est innocent, vous le savez, grands dieux!
Armez-moi de votre tonnerre!
Que de votre vengeance instrument glorieux,
J'assouvisse votre colère
Dans les flots d'un sang odieux.

ANTIGONE, *à part.*

Auroit-il pénétré ce funeste mystère?

Sait-il que par mes soins, l'univers abusé
De mon crime accusa son père?...

(*haut.*)

« Oublions ces malheurs! le ciel est apaisé,
« Ne songeons plus qu'au bonheur de l'Asie. »
De l'appui solennel que je vous ai promis
Mon amitié pourtant demande un foible prix.

CASSANDRE.

Parlez.

ANTIGONE.

Vous savez qu'Olimpie
A mes vœux fut promise: hélas! vœux superflus!

(*observant Cassandre avec intention.*)

Sans doute elle n'existe plus...
Mais le destin au rang de vos captives
A mis un jeune objet qu'on nomme Aménaïs...

CASSANDRE, *à part.*

Qu'entends-je?

ANTIGONE.

A ses graces naïves,
A sa noble candeur mon orgueil s'est soumis.

CASSANDRE.

Vous l'aimez?

ANTIGONE.

Tous vos sens paroissent interdits?

CASSANDRE, *avec une jalousie contrainte.*

Vous m'allez mieux connoître en cet auguste enceinte

Bientôt, prince, vos yeux surpris
Verront ce que les dieux, dans leur volonté sainte,
  Ont ordonné du sort d'Aménaïs.
C'est elle.
                (*Il va au-devant d'Olimpie.*)
              ANTIGONE, *à Hermas.*

      Ah!... ses respects, son trouble le trahissent.
De cette esclave, Hermas, les destins s'éclaircissent.

                    HERMAS.
Et ne craignez-vous pas qu'un jour la vérité,
Vous trahissant aussi...

                    ANTIGONE.
                    Mon secret m'est resté.
      Viens, suis mes pas.
                (*Il sort avec Hermas.*)

SCENE IV.

CASSANDRE, OLIMPIE, *suivie de quatre*
                prêtresses.

                    OLIMPIE.
  O vous, que ma reconnoissance
Va bientôt appeler du titre le plus doux,
    Auguste appui de mon enfance,
    Vous, le plus chéri des époux,
  Dans ces moments, pour moi si pleins de charmes,
De quel trouble soudain êtes-vous tourmenté?

CASSANDRE.

Quel bonheur est exempt d'alarmes?

OLIMPIE.

Et qui pourroit du mien troubler la pureté?

AIR.

Près d'un amant si tendre
Tout s'enchante à mes yeux;
Sur moi la paix des cieux
Semble à sa voix descendre.
Amour, rends-lui par moi
Tout le bonheur que je lui doi...
Rien n'altère les charmes
De ma tranquillité;
C'est ma félicité
Qui fait couler mes larmes.
Amour, rends-lui par moi
Tout le bonheur que je lui doi...

DUO.

CASSANDRE.

O doux accents, bonheur suprême,
Je suis aimé d'Aménaïs.

OLIMPIE.

O doux transports! son trouble extrême
Céde à la voix d'Aménais.

Ensemble.

Dieux! c'est vous que j'atteste!
Ce sentiment céleste

Fera le charme de mes jours.
Toujours! toujours!
Sans t'adorer, sans te le dire,
Ah! que seroit pour moi le jour!
Je n'ai vécu, je ne respire
Que par l'excès de mon amour.

SCENE V.

LES PRÉCÉDENTS, L'HIÉROPHANTE.

L'HIÉROPHANTE.

Diane a désigné celle de nos prêtresses
Qui doit, consacrant vos tendresses,
D'un hymen fortuné serrer les derniers nœuds.
Arzane est appelée à ce devoir pieux.
Antigone a donné le signal de nos jeux;
Entendez ces accents, ces trompettes sacrées;
Venez, obéissez à nos lois révérées,
Confiez-vous aux dieux.

CASSANDRE ET OLIMPIE *ensemble.*

Suivons du ciel les volontés sacrées;
Guidez nos pas, confions-nous aux dieux.

SCENE VI.

(Le théâtre change et représente l'intérieur du tem-
ple dans toute la magnificence et toute la richesse
que l'histoire a consacrées. On distingue l'entrée
particulière qui communique de l'habitation des
prêtresses dans le temple. C'est dans ce temple
qu'aux jours de la grande fête toutes les théories
de la Grèce et de l'Asie accouroient, dans une
confusion qui tenoit de l'ivresse, apporter leurs
hommages et leurs tributs.

Quatre hérauts d'armes, placés au fond du tem-
ple, donnent au son des trompettes le signal des
jeux.)

ANTIGONE, *à ses guerriers et au peuple qui accourt*
de toutes parts.

A la voix de ses dieux que l'univers réponde.
    Peuples et rois du monde,
Accourez dans ce temple, embrassez nos autels.
Diane de l'enceinte à ses jeux consacrée
    Ne défend plus l'entrée
    Aux profanes mortels,

(Au moment où le peuple entre en foule dans le
temple, la mélodie d'une marche religieuse ar-
rête ses transports.)

ANTIGONE, *à part.*

Ah! voici le moment où mon sort se décide,
　　Où d'un rival perfide
Je vais connoître enfin les complots criminels.

SCENE VII.

(PRÊTRES, PRÊTRESSES *et* INITIÉS *s'avançant
lentement sur la scène en formant un cortège solennel. Le grand* HIÉROPHANTE, CASSANDRE,
OLIMPIE, *marchent à la suite.* ANTIGONE,
protecteur de la fête, HERMAS *et ses* GUERRIERS
*se placent du côté opposé au sanctuaire, au pied
duquel vont prendre place les prêtres, les prétresses et les initiés.*)

CHŒUR DE PRÊTRES, DE PRÊTRESSES ET D'INITIÉS.

　　O toi qui disposes
　　Des biens les plus doux,
　　Le front ceint de roses
　　Descends parmi nous!
　　Hymen, dieu prospère,
　　Remplis en ce jour
　　L'espoir de la terre,
　　Les vœux de l'amour.

ANTIGONE, *à ses guerriers pendant le chœur.*

De ce fatal hymen d'où mon sort va dépendre
La fête se déploie à mes regards confus.

Que vois-je?... Aménaïs!... Cassandre!
Ils marchent à l'autel! Ah! je n'en doute plus.
Voilà la fille d'Alexandre.

L'HIÉROPHANTE, *à Cassandre et à Olimpie.*

Aux autels de l'hymen venez, heureux amants,
Offrir vos vœux et vos serments.

CASSANDRE ET OLIMPIE, *à genoux, mettant leurs
mains sur l'autel.*

Dieux, auteurs de mon être,
Enchaînez deux époux;
O vous qui fîtes naître
Un sentiment si doux,
Grands dieux, puisse-t-il être
Immortel comme vous!

L'HIÉROPHANTE.

Dieux, auteurs de notre être,
Bénissez deux époux;
O vous qui fîtes naître
Un sentiment si doux,
Grands dieux, puisse-t-il être
Immortel comme vous!

ANTIGONE, *à ses guerriers, à part.*

O trahison! serments perfides!
Fête horrible, hymen criminel!
C'est le flambeau des Euménides
Qui va brûler sur cet autel!

CHŒUR DE SES GUERRIERS, *bas.*

O trahison! serments perfides!

Fête horrible, hymen criminel!

C'est le flambeau des Euménides

Qui va brûler sur cet autel!

OLIMPIE, CASSANDRE, L'HIÉROPHANTE,
CHOEUR DE PRÊTRES ET DE PRÊTRESSES,

De fraîches guirlandes,

De saintes offrandes

Parons ces autels.

Des cieux descendue,

La paix est rendue

Aux vœux des mortels.

*(Des danses nobles et imposantes s'exécutent pendant
celle dernière partie du morceau d'ensemble.)*

ANTIGONE, *à ses guerriers, à part.*

Vengeance! amis, vengeance!

Que ces asiles saints,

Témoins de notre offense,

S'écroulent sous nos mains.

GUERRIERS D'ANTIGONE, *bas, à Antigone.*

Oui, vengeance! vengeance!

Mais des dieux,

En ces lieux,

Redoutons la présence.

ANTIGONE, *à ses guerriers.*

Eh quoi, vous hésitez à servir ma vengeance!
(bas, à Hermas.)

Hermas, cours assurer le succès de nos vœux.

(Hermas s'éloigne.)

(*Pendant les divertissements qui ont pour objet la pa-
rure nuptiale d'Olimpie, les deux rois se placent
sur deux estrades opposées.*)

L'HIÉROPHANTE.

Que de l'Asie et de la Grèce
Les dons et les nobles tributs,
Dans une sainte ivresse,
Parmi les fleurs d'hymen ici soient confondus.

(*En ce moment les diverses théories de toutes les nations, c'est-à-dire des groupes successifs de guerriers, de navigateurs, de poëtes couronnés, de
chasseurs, de bacchantes, de moissonneurs et de
jeunes amants, accourent dans le temple. Ils portent les attributs de la divinité à laquelle ils sont
attachés, et exécutent autour de sa statue des jeux
et des danses analogues à son culte.*)

CHŒUR GÉNÉRAL, *pendant la bacchanale.*

Dieux, dans notre hommage
Revoyez l'image
De vos saints transports.
Que le bruit des cors
Aux lyres magiques,
Aux sistres rustiques
Mêle ses accords.
Nos plaisirs ne retracent
Que les bienfaits des cieux.
Tous les crimes s'effacent

A la fête des dieux.

Peuples et rois du monde, accourez à nos jeux !

ANTIGONE, *voyant reparoître Hermas, descend pré-*
cipitamment de son estrade.

Ah ! c'est trop se contraindre ! amis, le péril presse,
Secondez mes efforts.

(*Les guerriers font un mouvement. Ils sont prêts à*
s'élancer sur l'autel lorsque la prêtresse paroît.)

L'HIÉROPHANTE, *aux théories.*

Arrêtez ! suspendez ces profanes transports !...
J'aperçois l'auguste prêtresse :
Sa voix des deux époux va bénir les destins.

SCENE VIII.

LES PRÉCÉDENTS, STATIRA. *Elle est couverte d'un*
voile qui cache une partie de son visage ; elle porte
sur son costume de prêtresse les marques distinc-
tives qu'exigent les fonctions qu'elle vient remplir.

L'HIÉROPHANTE.

Noble Arzane, approchez.

CHOEUR GÉNÉRAL.

Dans quels sombres chagrins
Elle paroît plongée !

STATIRA.

A ma douleur profonde,

A l'éternelle nuit où je croyois toucher,
    Quelle voix ose m'arracher?
Hélas! j'ai vu pour moi s'anéantir le monde!
    Qu'exige-t-il encor de moi?
  (à l'Hiérophante.)
Lorsqu'en ces tristes lieux, seigneur, je suis venue,
C'étoit pour y pleurer, pour mourir inconnue;
Vous le savez.

(Pendant les quatre vers suivants, quelques prêtresses
    viennent offrir à Statira l'encens, l'eau lustrale et
    les vases sacrés, tandis qu'Olimpie et Cassandre
    s'avancent vers elle.)

L'HIÉROPHANTE.

    Le ciel vous dicte une autre loi :
Vous ne pouvez refuser de l'entendre.
Il remet dans vos mains l'eau lustrale, l'encens,
Priez et consacrez le bonheur de Cassandre.

STATIRA, *reculant avec effroi.*

De Cassandre! dieux tout-puissants!

CHOEUR GÉNÉRAL.

Quel cri d'horreur, et quels accents!

STATIRA.

Et c'est moi, moi qu'on a choisie
    Pour déshonorer ces autels!
Pour rendre ici nos dieux les complices cruels
D'un lâche meurtrier, du fléau de l'Asie!

CASSANDRE, *allant à la prêtresse.*

Qu'ai-je entendu? quelle fureur impie!

STATIRA, *écartant son voile.*

Regarde qui je suis!

CASSANDRE, *tombant aux pieds de Statira.*

O cieux! écrasez-moi!

OLIMPIE, *courant à lui.*

Ah! seigneur!

STATIRA.

Qu'il expire, et venge ma patrie!

L'HIÉROPHANTE ET LE CHOEUR.

O sacriléges vœux! jour de deuil et d'effroi!

ANTIGONE, *à ses guerriers, suivant avidement des yeux la prêtresse.*

Amis, quelle lumière
A passé jusqu'à moi!

OLIMPIE, *toujours près de Cassandre.*

Son front glacé d'horreur traîne dans la poussière!

STATIRA, *d'une voix terrible.*

Je dénonce à la terre,
Je voue à sa colère
L'assassin de son roi!

L'HIÉROPHANTE, CHOEUR DE PRÊTRES,
PRÊTRESSES, etc.

O jour de deuil, affreux mystère,
Quel dieu, terrible en sa colère,

Autour de nous répand l'effroi?
Sous quel fléau frémit la terre?
Jusques au sein du sanctuaire
Une prêtresse outrage un roi!...

STATIRA, *à Cassandre.*

Des dieux la foudre enfin t'éclaire!
Pâlis, frémis de leur colère;
Leur bras vengeur s'étend sur toi!
 Je dénonce à la terre,
 Je voue à sa colère
 L'assassin de son roi!

ANTIGONE ET SES GUERRIERS.

 Amis, quel jour m'éclaire!

Des dieux $\left\{ \begin{matrix} \text{je lis} \\ \text{on lit} \end{matrix} \right\}$ l'arrêt sévère.

Dans son courroux, dans leur effroi,
Le ciel, une épouse, une mère,

Tout va combattre ici pour $\left\{ \begin{matrix} \text{moi.} \\ \text{toi.} \end{matrix} \right.$

CASSANDRE.

Où suis-je? ô trouble! affreux mystère!...
Des dieux la foudre ici m'éclaire;
Leur bras vengeur s'étend sur moi!
Prêtresse, apaise ta colère,
 O victime trop chère!
Épargne-moi, épargne-moi!

OLIMPIE.

Où suis-je? ô trouble! affreux mystère!

2.

Quel dieu, terrible en sa colère,
Autour de moi répand l'effroi?
Hélas! où fuir dans ma misère?
Prêtresse!... ô pontife!... ô mon père!
Protégez-moi, proétgez-moi!
          (*Tous fuient épouvantés.*)

FIN DU PREMIER ACTE.

ACTE II.

(Le théâtre représente la partie du bois sacré où les anciens avoient élevé un temple particulier à Diane vengeresse, lieu destiné aux expiations des outrages faits à la déesse. Ce temple, éclairé dans l'intérieur, occupe le fond de la scène. On voit, sur le devant, les statues de Diane et d'Apollon punissant, de leurs propres mains, les enfants de Ni bé. Plus loin sont représentées la chute des Titans et la métamorphose d'Aréthuse.

Un sacrifice expiatoire à Diane vient de commencer, les prêtresses inclinées devant la statue déposent des fleurs et des fruits, l'encens et les flambeaux brûlent autour d'elle; les prêtres, censés dans le temple contigu, mêlent leurs chants à celui des prêtresses.)

SCENE I.

PRÊTRES ET PRÊTRESSES *s'avançant lentement sur la scène.*

CHŒUR DE PRÊTRES AU-DEHORS.

PRIÈRE.

«Chaste déesse,
«Sur ta prêtresse
«N'arrête point ton bras vengeur!
«De ta clémence

«Couvre l'offense
«D'un cœur brisé par la douleur !

UN PRÊTRE SUPÉRIEUR, *aux prêtresses.*

«Qu'aux ordres du pontife Arzane obéissante,
«En ce lieu redoutable à l'instant se présente.
«Puisse son repentir expier sa fureur !

(*Il sort.*)

(*Une prêtresse s'éloigne pour porter cet ordre à
Arzane.*)

LE CHŒUR reprend,

«Chaste déesse,
«Sur ta prêtresse
«N'arrête point ton bras vengeur !
«De ta clémence
«Couvre l'offense
«D'un cœur brisé par la douleur !
«Chaste déesse,
«Sur ta prêtresse
«Ne lance point tes traits vengeurs !
«Entends nos voix, cède à nos pleurs,

SCENE II.

STATIRA. *Elle sort de l'habitation des prêtresses.*

O déplorable mère !
O dieux ! quel est mon sort !
A l'aspect de l'auteur de toute ma misère

Ai-je pu contenir un trop juste transport ?
O malheureuse épouse ! ô déplorable mère !

SCENE III.

L'HIÉROPHANTE, *accompagné de douze* PRÊTRES *supérieurs;* STATIRA.

L'HIÉROPHANTE, *avec une majesté sévère.*
Vous avez profané la fête de nos dieux,
 Vous avez troublé nos mystères ;
Répondez-nous : pourquoi vos transports téméraires
 Ont-ils changé des chants religieux
 En cris de haine et de colère ?

STATIRA.
Que me demandez-vous ?... Je veux, je dois me taire.
Hélas ! que dans l'oubli l'on me laisse en ces lieux,
 Que j'y ferme en paix ma paupière.

L'HIÉROPHANTE.
 Justifiez-vous à nos yeux ;
Quels furent vos destins ?

STATIRA.
 La gloire et la misère.
De grands noms autrefois avoient pu me flatter ;
Dans la nuit de la tombe il les faut emporter !

L'HIÉROPHANTE.
Mais qui put vous contraindre à maudire Cassandre ?

STATIRA.

Connoissez le barbare, il fut mon assassin!

L'HIÉROPHANTE.

Grands dieux!... qu'osez-vous nous apprendre?

STATIRA.

Sachez que mon époux a péri de sa main!

L'HIÉROPHANTE.

Qu'êtes-vous donc?

STATIRA.

Frémissez de m'entendre:
Veuve d'un demi-dieu, fille de Darius...

L'HIÉROPHANTE.

O ciel! la veuve d'Alexandre!

STATIRA.

Elle vous parle ici, ne l'interrogez plus.

L'HIÉROPHANTE ET LES PRÊTRES se prosternent.

Statira!

STATIRA.

Statira qu'aux horreurs du carnage
Une esclave arracha. Vous la voyez, c'est moi.
O crime! ô deuil! sanglante image!
Darius!... Alexandre!... et toi, ma fille, et toi!...
Vous m'êtes tous ravis, et le courroux céleste
Me laisse pour tout bien des jours que je déteste!

AIR.

Implacables tyrans,
Ennemis de mon sang, appuis de ce perfide,

O dieux!... je traîne ici mes malheurs, mes tourments;
Arrachée expirante aux mains du parricide,
J'y vois avec horreur ses forfaits pardonnés.
Vous m'immolez au crime et vous le couronnez!
Mais... que dis-je?... O regrets!...

(*Elle tombe abattue sur un banc.*)

L'HIÉROPHANTE ET LES PRÊTRES.

Elle reste immobile.

STATIRA, *revenant à elle par degrés.*

Où s'égaroient mes sens! ..

LES PRÊTRES.

Son cœur semble gémir.

STATIRA.

J'ai blasphémé les dieux!

LES PRÊTRES.

Leur temple est votre asile.

STATIRA.

Qui les apaisera?

LES PRÊTRES.

La voix du repentir.

STATIRA.

AIR.

Dieux! pardonnez à mes injustes plaintes!
Le désespoir avoit troublé mon cœur.
Je condamne à-la-fois mes reproches, mes craintes,
Que la pitié vous parle en ma faveur.

Après quinze ans, sur ma misère
Daignez jeter quelques regards plus doux.
Ah! c'est ma fille, hélas! qu'appelle ma prière.
Ma fille est le seul bien que j'implore de vous.
Je puis bénir le jour, si je suis encor mère.

L'HIÉROPHANTE.

Au pied de ces autels votre destin nouveau
Veut que vous bénissiez un illustre hyménée.
Voici la jeune épouse.

STATIRA.

O vierge infortunée!
« Moi! que je la remette aux mains de mon bourreau!

L'HIÉROPHANTE.

« Tel est votre devoir, rien ne vous en dispense. »
Reine, vous avez vu la terre à vos genoux;
Mortelle, du destin vous subîtes les coups;
Prêtresse de nos dieux, imitez leur clémence.

(Il sort avec les prêtresses.)

SCENE IV.

STATIRA; *ensuite* OLIMPIE, *accompagnée de*
deux PRÊTRESSES.

STATIRA.

Je crois entendre leurs accents.
Je cède à leur volonté sainte.
Mais quel trouble inconnu s'empare de mes sens?

Que vois-je?... Sur ce front la noblesse est empreinte.
Approchez; me redoutez-vous?

OLIMPIE, *se prosternant.*

Ah! je sens à vos pieds s'évanouir ma crainte.
A mon effroi succède un sentiment plus doux.

STATIRA, *la relevant.*

O vous pour qui j'éprouve un penchant qui m'étonne,
Vous épousez Cassandre?

OLIMPIE.

Il m'a sauvé le jour,
Il soutint mon enfance, il m'offre sa couronne:
Pour prix de sa tendresse et des biens qu'il me donne,
Ah! c'est trop peu de mon amour.

STATIRA.

A la mort il vous a ravie?
En quel temps?... en quel lieu?

OLIMPIE.

Dans Babylone en deuil,
Quand le plus grand des rois y termina sa vie.

STATIRA.

Eh quoi! votre berceau fut près de son cercueil?
Dans l'abyme où je suis quel rayon vient me luire?
Grands dieux! après quinze ans d'ennuis...
S'il se pouvoit!... Si mes vœux accomplis...
Le temps, le lieu, son âge... A peine je respire...

OLIMPIE.

Quel trouble agite vos esprits?

STATIRA.

Hélas !

DUO.

STATIRA.

N'auriez-vous d'une mère
Aucun ressouvenir ?

OLIMPIE.

De l'amour d'une mère
Mon cœur n'a pu jouir.
Je lui dois la lumière,
Et n'ai pu la bénir.

Ensemble.

STATIRA.	OLIMPIE.
Elle a vu la lumière	J'ai reçu la lumière
Sans pouvoir en jouir	Sans pouvoir en jouir
Sur le sein d'une mère,	Sur le sein d'une mère,
Sans pouvoir la bénir !	Sans pouvoir la bénir !
Ah ! pour vous d'une mère	C'est la voix d'une mère
Je ressens tout l'amour.	Qui me parle en ce jour.

STATIRA, *à part.*

Plus je l'observe et plus sur son visage
　　Des traits si doux
　　De mon époux
　　M'offrent l'image.

OLIMPIE.

Que dites-vous ?

STATIRA.

Je ne résiste plus à la voix qui me crie :
C'est ton sang, c'est ta fille !...

SCÈNE V.

LES PRÉCÉDENTS, CASSANDRE.

CASSANDRE.

Oui, c'est votre Olimpie.

STATIRA.

Qu'entends-je ? ô ciel !

CASSANDRE.

J'ai su l'arracher au trépas.

STATIRA.

Ah ! mon cœur ne me trompoit pas !

Avec OLIMPIE.

Viens, ma fille, viens dans mes bras !
Vous, ma mère, vous dans mes bras !

Ensemble.

STATIRA.	OLIMPIE.
Doux moments ! transports pleins de charmes !	Doux moments ! transports plein de charmes !
Laisse-moi te presser sur ce cœur attendri.	Laissez-moi vous presser sur ce cœur attendri.
Ah ! je revois l'enfant chéri,	Ah ! je suis donc l'enfant chér
Qu'au ciel redemandoient mes larmes.	Qu'au ciel redemandoient vos larmes.

CASSANDRE.

O reine ! en des moments si doux,

Les dieux vous verront-ils sans pitié pour Cassandre?

STATIRA.

Pour le meurtrier d'Alexandre!

OLIMPIE.

Qu'entends-je?

CASSANDRE.

O reine! apaisez-vous?

OLIMPIE.

Apprenez ses bienfaits!

STATIRA.

Ma fille, apprends ses crimes.
Tu rendois grace à ses soins magnanimes;
Eh bien, de tous les tiens connois le destructeur.
Souillé du trépas de ton père,
De ses droits, de son trône il fut le ravisseur!
Ensanglanté du meurtre de ta mère,
Le monstre t'épousoit: voilà ton bienfaiteur!

OLIMPIE.

O ciel! il seroit vrai!... Quelle image cruelle!

CASSANDRE.

Et vous m'accablez devant elle!
Mais si je fus trompé, si ma crédule main
Ravit sans le vouloir Alexandre à la terre;
Si parmi les horreurs d'une nuit sanguinaire
J'arrachai le poignard laissé dans votre sein;
Si je sauvai la fille ayant sauvé la mère,
Suis-je encore à vos yeux un monstre, un assassin?

TRIO

CASSANDRE.

Chère et tendre Olimpie, idole de mon ame,
Parlez, révélez mes forfaits.

OLIMPIE.

Hélas! je n'ai vu que sa flamme,
Je n'ai connu que ses bienfaits.

CASSANDRE.

Voyez à vos genoux Cassandre qui supplie!

OLIMPIE.

Ayez pitié de la triste Olimpie!

STATIRA.

Que veux-tu?

OLIMPIE.

Vous m'aimez?

STATIRA.

Autant que je le hais!

OLIMPIE.

Ma mère!...

STATIRA.

Eh bien, poursuis, achève.

OLIMPIE.

Il m'a rendue à vous.

STATIRA.

O pénibles bienfaits!

OLIMPIE ET CASSANDRE.

Il conserva mes jours.
Je conservai ses jours.

STATIRA, *à part.*

Malgré tous ses forfaits,
Quel cri plaintif dans mon ame s'éléve?

OLIMPIE ET CASSANDRE.

De la pitié dont vous sentez les traits
Que l'heureux triomphe s'achéve.

STATIRA.

Que faut-il?

OLIMPIE ET CASSANDRE.

Pardonner.

STATIRA.

Je lui pardonnerois!

OLIMPIE ET CASSANDRE.

De la pitié dont vous sentez les traits
Que l'heureux triomphe s'achéve.

STATIRA.

Ma fille, et toi, Cassandre, approchez... non, jamais!
Tout le sang d'Alexandre entre nous se souléve!

OLIMPIE ET CASSANDRE.

Grace! pardon!

STATIRA.

Jamais! jamais!
Tout le sang d'Alexandre entre nous se souléve!

OLIMPIE ET CASSANDRE.

De la pitié n'écartez point les traits!
Grace! pardon!

STATIRA.

Jamais! jamais!

SCÈNE VI.

LES PRÉCÉDENTS, ANTIGONE, SUITE D'ANTIGONE,
PEUPLE.

ANTIGONE.

Accourez, accourez saluer votre reine.
De Statira les jours sont conservés;
De ses malheurs brisez la chaîne :
Rendez-lui les honneurs à son nom réservés.
Accourez, accourez saluer votre reine.

CHOEUR.

Accourons, accourons saluer notre reine.
De Statira les jours sont conservés;
De ses malheurs brisons la chaîne :
Rendons-lui les honneurs à son nom réservés.
Accourons, accourons saluer notre reine.

L'HIÉROPHANTE.

Du culte des autels mon pouvoir vous délie:
Vivez pour vos sujets, vivez pour Olimpie.

STATIRA.

Oui, je rentre un moment dans ce monde pervers
Pour venger mon époux, ton hymen et tes fers.

ANTIGONE.

Ne craignez plus d'en être séparée,
Antigone est son protecteur.

CASSANDRE.

Moi seul je le serai, redoute ma fureur!

3

Nos destins sont unis d'une chaîne sacrée.

STATIRA.

Une mère la brise !

ANTIGONE.

Elle a maudit vos nœuds !

CASSANDRE.

Olimpie est à moi, je la reçus des dieux !
Traître ! est-ce là ta foi jurée ?

ANTIGONE.

Le trône vous attend, bravez un vain courroux :
Grande reine, et vous, Olimpie,
Venez vous présenter aux peuples de l'Asie.

STATIRA.

Viens, ma fille.

OLIMPIE.

Qu'ordonnez-vous ?

STATIRA.

Fuis un monstre !

CASSANDRE, *à Olimpie.*

Suis ton époux.

STATIRA.

Arrête, sujet téméraire !

CASSANDRE.

Qui pourroit contenir un trop juste transport !
Quels dieux assez puissants m'arrêteront ?
(*A un signal d'Antigone, de nombreux guerriers se
sont élancés de tous les côtés du bois sacré. Ils
remplissent la scène.*)

ANTIGONE ET CHOEUR DE SES GEURRIERS.

La mort!

FINALE.

CASSANDRE.

O complot sanguinaire!

L'HIÉROPHANTE ET LES PRÉTRESSES.

Audace meurtrière!

ANTIGONE.

Nous vengeons Alexandre, et le crime est puni.

STATIRA.

Soldats de mon époux, entre Olimpie et lui
Élevez de vos rangs l'invincible barrière.

OLIMPIE.   CHOEUR DE PRÉTRES.

Quel sort va-t-il subir?.... Ah! si je   O reine! ayez pitié d'une fille si
vous suis chère....   chère....

CASSANDRE.

Impitoyables dieux, vous m'avez tous trahi!

ANTIGONE.

Rival audacieux, fléchis sous ma puissance!
Tes forfaits sont connus, ce temple est sous ma loi.
Rampe au pied des autels, tu n'as plus d'espérance;
    L'univers est fermé pour toi!

CASSANDRE.

Rival audacieux, je brave ta puissance!
Traîtres, vous paierez cher l'affront que je reçoi.
Malgré vos attentats, l'espoir de la vengeance
    Dans ces lieux luit encore pour moi.

3.

STATIRA.

C'est assez m'outrager, respectez ma présence.
  (à Cassandre.)
Esclave, reconnois la veuve de ton roi.
  (à Olimpie.)
Toi, par le crime unie au tyran de la terre,
Toi qui souilles le sang que les dieux t'ont transmis,
Fille de Statira, respecte encor ta mère,
    Fille d'Alexandre obéis.
*(Elle lui ordonne du geste de marcher devant elle;
  Olimpie se sépare de Cassandre et sort avec Sta-
  tira. Les guerriers ouvrent leurs rangs avec res-
  pect.)*

L'HIÉROPHANTE, PRÊTRES, PRÊTRESSES, etc.

Aveugle ambition, téméraire vengeance!
De ce temple osez-vous méconnoître les droits?
Ah! du moins de nos dieux respectez la présence,
    Respectez l'asile des rois.

ANTIGONE.

Rival audacieux, fléchis sous ma puissance!
Tes forfaits sont connus, ce temple est sous ma loi.
Rampe au pied des autels, tu n'as plus d'espérance;
    L'univers est fermé pour toi.

CASSANDRE.

Rival audacieux, je brave ta puissance!
Traîtres, vous paîrez cher l'affront que je reçoi.
Malgré vos attentats, l'espoir de la vengeance
    Dans ces lieux luit encor pour moi.

CHOEUR DES GUERRIERS D'ANTIGONE.

Rival audacieux, fléchis sous sa puissance!
Tes forfaits sont connus, ce temple est sous sa loi.
Rampe au pied des autels, tu n'as plus d'espérance ;
     L'univers est fermé pour toi.

(*Tous sortent. Les prêtres entourent Cassandre et les
     soldats le suivent.*)

FIN DU SECOND ACTE.

ACTE III.

(Le théâtre représente une autre partie du bois sacré atte-
nante au temple. Une grande porte vers le fond, à droite,
conduit dans l'habitation des prêtresses. Une porte pa-
reille, au côté opposé, s'ouvre sur la grande place
d'Éphèse. Ce parvis est orné de portiques et de vastes co-
lonnades. Au fond du théâtre s'élèvent des cyprès qui
entourent un autel sur lequel repose une statue colos-
sale de Diane.)

SCENE I.

OLIMPIE, L'HIÉROPHANTE; *plusieurs*
PRÊTRESSES *inférieures.*

OLIMPIE, *à l'Hiérophante.*
Où me conduisez-vous? et quel ordre barbare
M'éloigne d'une mère et sitôt nous sépare?

L'HIÉROPHANTE.
C'est l'ordre de la reine. Ah! de nouveaux revers
  Menacent Éphèse en alarmes.
Les soldats de Cassandre, indignés de ses fers,
Sont au pied de nos murs qu'investissent leurs armes.
  Ils demandent leur roi :
Si j'en crois le dieu qui me remplit d'effroi,

De grands événements vont étonner la terre.

OLIMPIE.

Ah! pontife! achevez.

L'HIÉROPHANTE.

Respectez ce mystère.
Dans ces parvis secrets,
D'une mère et du ciel attendez les décrets.

(*Il sort.*)

SCÈNE II.

OLIMPIE *seule; quelques* PRÊTRESSES *inférieures dans le fond du théâtre.*

OLIMPIE.

Dieux, secourez Cassandre et protégez sa vie!
Que dis-je, malheureuse! et quel espoir impie
De mes esprits vient s'emparer!
Quand la terre et le ciel veulent que je l'oublie,
Ne saurai-je que l'adorer?

AIR.

O saintes lois de la nature!
Je dois vous immoler mes plus doux sentiments.
Oui, j'obéis, je les abjure.
Grands dieux, sur vos autels j'ai fait d'autres serments!
Vous les avez reçus. Ah! d'une infortunée
Voyez les combats, la douleur!

Vous qui changez ma destinée,
Grands dieux, changez aussi mon cœur!

SCENE III.

OLIMPIE, STATIRA, ANTIGONE, GUERRIERS,
SUITE DE LA REINE.

ANTIGONE, *à Statira.*

O reine! accomplissez le serment qui vous lie.
De soldats ennemis ce temple est entouré.
Ah! daignez m'avouer pour l'époux d'Olimpie,
Et tout cède à l'instant devant ce nom sacré.

STATIRA.

Oui, seigneur, la main de ma fille
Est due au protecteur de ma triste famille.

OLIMPIE.

Ciel!

STATIRA, *à Olimpie.*

Reconnois en lui mon vengeur, ton époux!

ANTIGONE.

Ah! confirmez un nom si doux!

OLIMPIE, *à Statira.*

Qu'exigez-vous de la triste Olimpie?
Au pied des saints autels je veux finir ma vie.
J'y pleurerai le mortel généreux
Dont me sépare un sort funeste.
Mes larmes sont, hélas! le seul bien qui lui reste;
Laissez-moi les verser dans l'asile des dieux.

STATIRA, *tendrement.*

Sèche les pleurs que je te vois répandre!
Oublie un criminel!

OLIMPIE.

Il ne l'est point!

STATIRA ET ANTIGONE.

Cassandre!

OLIMPIE.

Il ne l'est point!

ANTIGONE, *à part.*

Quel secret révélé!...

(*haut.*)

Et vous doutez encor quand la terre a parlé?

OLIMPIE.

Non, il est innocent, ma mère.

STATIRA.

Quelle preuve?

OLIMPIE.

Sa vie entière.

STATIRA.

Quels témoins?

OLIMPIE.

Ses vertus. D'un soupçon odieux,
J'attends pour le venger la justice des cieux.

TRIO.

STATIRA.

Que n'est-il vrai! de la clémence
Que ne puis-je suivre la loi!

OLIMPIE.

O ma mère! de la clémence
Suivez, suivez la douce loi.

ANTIGONE.

Reine, vous parlez de clémence
Quand l'univers pleure son roi!

Ensemble.

STATIRA.	OLIMPIE.
O ma fille! de la clémence	O ma mère! de la clémence
Que ne puis-je suivre la loi!	Suivez, suivez la douce loi!
Tu m'attestes son innocence.	Le ciel vengera l'innocence.
Hélas! pourquoi cette espérance	Ah! du moins que cette espérance
Ne peut-elle luire pour moi!	Puisse encore luire pour moi!

ANTIGONE.

Reine, vous parlez de clémence,
Quand l'univers pleure son roi?
N'écoutez plus que la vengeance,
Le ciel vous en fait une loi.

SCENE IV.

LES PRÉCÉDENTS, HERMAS.

HERMAS.

Seigneur, Cassandre est libre et déja vous menace.

STATIRA, ANTIGONE, OLIMPIE.

Il est libre!

(Hermas sort sur un signe d'Antigone.)

Ensemble.

ANTIGONE.	STATIRA,
Ah ! qu'il s'offre à mon juste courroux !	Ah ! seigneur ! vengez-moi, vengez-vous !
Reine, mon bras punira son audace.	Que votre bras punisse son audace.
	(*à Olimpie.*)
Il va succomber sous mes coups.	Toi demeure.... Je vais m'opposer à ses coups.

OLIMPIE.

Dieux, désarmez votre courroux !
Ah ! détournez le sort qui le menace !
Sur moi seule portez vos coups.

(*Statira et Antigone sortent avec leur suite du côté qui conduit à la place d'Éphèse.*)

SCENE V.

OLIMPIE, *ensuite* CASSANDRE.

OLIMPIE.

Arrêtez... O mortelle peine !
Tout mon sang est glacé d'effroi.
Ah ! je frémis des maux que je prévoi.

(*Cassandre entre précipitamment.*)

OLIMPIE.

Est-ce lui?

CASSANDRE.

Viens, suis-moi.

OLIMPIE.

Malheureux ! qui t'amène?

CASSANDRE.

Ce fer va décider entre Antigone et moi :
    Ou sa mort ou la mienne.
Pour épargner le sang j'ai dicté cette loi.
Viens, ne balance plus.

OLIMPIE.

       Quelle fureur t'entraîne?

CASSANDRE.

Rien ne peut désormais t'arracher de mes bras.

OLIMPIE.

Laisse-moi dans ces lieux attendre le trépas.
Connois-tu mes devoirs? sens-tu mon infortune?
    Vois-tu mon trouble, mon effroi?

CASSANDRE.

Je ne vois que les nœuds qui m'unissent à toi.
Épargne à mes remords une plainte importune :
J'ai reçu tes serments aux pieds des immortels ;
Suis ton époux.

      (*Il s'avance vers Olimpie.*)

OLIMPIE, *embrassant les autels.*

    Grands dieux, j'embrasse vos autels !

DUO.

CASSANDRE.

Voilà donc ton amour, et la foi qui nous lie!

OLIMPIE.

Ne les rappelle point à la triste Olimpie.

CASSANDRE.

De cet indigne prix devois-tu me payer?

OLIMPIE.

Le malheur nous sépare et je dois t'oublier.

CASSANDRE.

Viens. Ah! suis l'époux qui t'adore!

OLIMPIE.

Immolons au devoir un trop funeste amour.

CASSANDRE.

Le temps presse, ma voix t'implore!

OLIMPIE.

Malheureux! fuis-moi sans retour.

OLIMPIE.	CASSANDRE.
Rigueur impitoyable! Barbare loi! Le sort inexorable Me sépare de toi.	Rigueur impitoyable! Barbare loi! Le sort inexorable Me sépare de toi.

(*On entend au-dehors le son des trompettes, signal du combat.*)

OLIMPIE.	CASSANDRE.
Ah! déja retentit le signal des alarmes ; N'ajoute point à l'horreur de mon sort. Hélas! prends pitié de mes larmes! Sauve ta gloire ou donne-moi la mort.	Mais déja retentit le signal des alarmes; Il faut céder à mon horrible sort. Je cours chercher parmi les armes La fin de mes tourmehts, la vengeance ou la mort. (*Cassandre sort.*)

SCENE VI.

OLIMPIE; L'HIÉROPHANTE, PRÊTRES, PRÊTRESSES, *entrant successivement en dés-ordre et dans le plus grand trouble. Les prêtres et prêtresses sortent de l'intérieur du temple; l'hiéro-phante vient du dehors. Le signal du combat se fait toujours entendre.*

OLIMPIE.

Quels accents effroyables!

PRÊTRES, PRÊTRESSES.

O sacrilége! affreux malheur!
Le temple est profané. Dieux, frappez les coupables!

L'HIÉROPHANTE.

Dieux, sauvez-nous de leur fureur!
(Tous se prosternent au pied de la statue de Diane.)

CHOEUR GÉNÉRAL.

O forfait exécrable!
Jour de sang et d'horreur!
Tonne, dieu redoutable,
Et sois notre vengeur!

L'HIÉROPHANTE.

O forfait exécrable!
(Aux prêtresses qui emmènent Olimpie.)
Le sang coule.... Ah! fuyez l'aspect des combattants.

CHOEUR *au-dehors, mêlé au bruit des armes.*

Gloire au héros! périssent les tyrans!

L'HIÉROPHANTE.

Nous, défenseurs du sanctuaire,
A leurs fureurs opposons la prière,
Et gardons nos serments.

CHOEUR *au-dehors, très rapproché.*

Gloire au héros! périssent les tyrans!

SCÈNE VII.

LES PRÉCÉDENTS; ANTIGONE, *suivi d'un groupe de ses*
GUERRIERS *qui défendent l'entrée contre Cassandre.*

ANTIGONE, *le glaive à la main. Il est blessé à mort
et couvert de sang et de poussière.*

Cassandre!... O rage!... il triomphe!... et j'expire!...
Marchons... je ne le puis.

(*Il se traîne chancelant vers l'autel. En ce moment,
le tonnerre redouble; de sombres nuages ont enve-
loppé la scène, qui n'est plus éclairée que par le feu
du ciel. Antigone fait des efforts pour s'appuyer
sur l'autel, la foudre éclate.*)

L'autel m'a repoussé!
O déesse orgueilleuse!... A tes pieds terrassé!...
Tu m'oses rejeter!... Je brave ton empire...

(*avec délire.*)

Je brave tous les dieux!

L'HIÉROPHANTE ET LES PRÊTRES.

Grace, ô déesse! O blasphème odieux!

ANTIGONE.

Venez, filles d'Enfer, contemplez vos victimes!

Par vos joyeux transports souriez à mes crimes :
D'Alexandre c'est moi qui tranchai le destin ;
   De Statira mon bras perça le sein.
Triomphez, triomphez! dans vos sanglants abymes
   Entraînez l'assassin !

L'HIÉROPHANTE.

   Aveu terrible! affreux mystère!
(*à un prêtre inférieur.*)
Vous, allez en instruire Olimpie et sa mère.

SCENE VIII.

LES PRÉCÉDENTS; CASSANDRE, *le glaive à
la main.*

CASSANDRE, *en entrant, aux gardes d'Antigone.*
Éphèse est sous ma loi, traîtres! disparoissez !
ANTIGONE, *à terre, soutenu par deux guerriers et
recueillant un reste de force.*
   Cassandre!... Accourez Euménides!...
Déchirez le cruel. De vos serpents livides...
   Entourez ses membres glacés...
Vengez-moi... sois maudit!... je meurs!...
(*En tombant il lance son glaive; aussitôt ses guer-
riers l'emportent.*)
   L'HIÉROPHANTE, CHŒUR DE PRÊTRES.
               Ciel! il expire!
Et sur son front couvert des glaces de la mort
   Le crime trace encor l'affreux délire

Du désespoir et du remord.

(*Ici les nuages se dissipent, et laissent voir la statue*
de Diane, étincelante d'une clarté céleste.)

L'HIÉROPHANTE, à *Cassandre.*

Fils d'Antipatre, enfin votre innocence
    Du ciel désarme le courroux.
La déesse apaisée annonce sa clémence.
Antigone lui seul mérita sa vengeance,
    Lui seul est frappé de ses coups.

CASSANDRE.

Grands dieux! vous me rendez et la paix et la vie!

L'HIÉROPHANTE.

Venez de votre hymen rallumer les flambeaux;
Statira va monter au trône de l'Asie :
Tout le peuple applaudit à vos destins nouveaux.

SCÈNE IX.

(*Le théâtre change et représente le camp de Cassandre*
sur les bords du Caystre. D'un côté, sur le devant,
s'élève un trône asiatique de la plus grande magni-
ficence. Il a été préparé pour le couronnement de
Statira. Au milieu de la scène est un arc de triom-
phe sous lequel le cortège va défiler. Le fond repré-
sente la flotte et les troupes de Cassandre disposées
le long du Caystre pour prendre part à la cérémonie.
Marche de guerriers et d'amazones. Groupes de jeunes
Égyptiennes parsemant la terre de fleurs, et dépo-
sant autour du trône de riches vases chargés de

parfums. Des enfants, vêtus de lin, portent un au-
tel sur lequel est placée la couronne d'Alexandre;
elle est formée de lauriers d'or.

Cassandre monté sur un éléphant précède le char
triomphal, dans lequel sont assises Statira et Olim-
pie en habits royaux. Ce char est traîné par des
peuples de toutes les nations. Statira se place sur
le trône. Olimpie et Cassandre occupent deux
pliants placés au-dessous.)

CHŒUR GÉNÉRAL, *pendant la marche.*

O triomphe! gloire immortelle!
Statira ressaisit ses droits.
Elle remonte au trône qui l'appelle.
O triomphe! gloire immortelle
A la veuve du roi des rois!
O doux transports! ô joie inespérée!
Nous recouvrons une reine adorée!
O doux transports!

STATIRA, *sur le trône.*

Sujets de mon époux, compagnons de sa gloire,
Oui, je viens, dans ce camp, aux fils de la victoire
Confier le sang d'un héros.

CASSANDRE.

Pour garant de leur foi contemplez ces drapeaux.
(*Ici, les guerriers inclinent leurs drapeaux devant*
Statira.)

STATIRA, *à Cassandre.*

Toi dont le ciel atteste l'innocence

Et qui sus conserver ma fille à mon amour,
De ma main reçois en ce jour
D'un aussi grand bienfait la noble récompense.
(*Cassandre conduit par l'Hiérophante s'avance au
pied du trône. Statira lui présente la main d'Olimpie. En ce moment un essaim de jeunes filles et de
jeunes garçons s'élancent vers eux ; ils offrent à
Statira et à Olimpie tous les emblèmes d'amour,
d'hymen, et de fidélité.*)

CASSANDRE, *après le divertissement.*

Peuples, guerriers, les dieux désarmant leur courroux
A notre amour ont daigné rendre
Deux trésors précieux long-temps perdus pour nous :
Devant la veuve d'Alexandre,
Devant sa fille, inclinez-vous.

STATIRA.

« J'ose tout espérer de ce zèle intrepide.
« Songez qu'en des moments si beaux
« Du fond de son cercueil Alexandre nous guide,
« Que son ombre préside
« A vos serments nouveaux.

SERMENT GÉNÉRAL, QUARTETTO ET CHOEUR
entremêlé de danses.

CHOEUR GÉNÉRAL.

Vive à jamais notre reine chérie !
Nous lui jurons une foi sans retour.
Partagez, aimable Olimpie,

Et nos serments et notre amour.
    Dans une paix profonde,
    Régnez sur les humains.
    Que le bonheur du monde
    Console vos chagrins.

STATIRA.

Quand je retrouve une fille chérie,
Que puis-je encor desirer en ce jour?
    Oui, je vivrai pour Olimpie,
    Pour lui prodiguer mon amour.
      Dans une paix profonde
      Régnons sur les humains.
      Que le bonheur du monde
      Console vos chagrins.

CASSANDRE.

Quand je reçois une épouse chérie,
Que puis-je encor desirer en ce jour?
    Oui, je vivrai pour Olimpie,
    Unique objet de mon amour.
      Dans une paix profonde
      Régnez sur les humains.
      Que le bonheur du monde
      Console vos chagrins.

OLIMPIE.

Quand je retrouve une mère chérie,
Que puis-je encor desirer en ce jour?
    Moment heureux pour Olimpie,
    Puisqu'il la rend à tant d'amour.
      Dans une paix profonde
      Régnez sur les humains.
      Que le bonheur du monde
      Console vos chagrins.

L'HIÉROPHANTE.

Nous recouvrons une reine chérie!
Nous lui jurons une foi sans retour.
    Partagez, ô noble Olimpie,
    Et nos serments et notre amour.
      Dans une paix profonde
      Régnez sur les humains.
      Que le bonheur du monde
      Console vos chagrins.

(Pendant ce morceau, on exécute toutes les cérémonies du couronnement de Statira, et l'on ceint son front de la couronne d'Alexandre. L'action est terminée par un tableau général.)

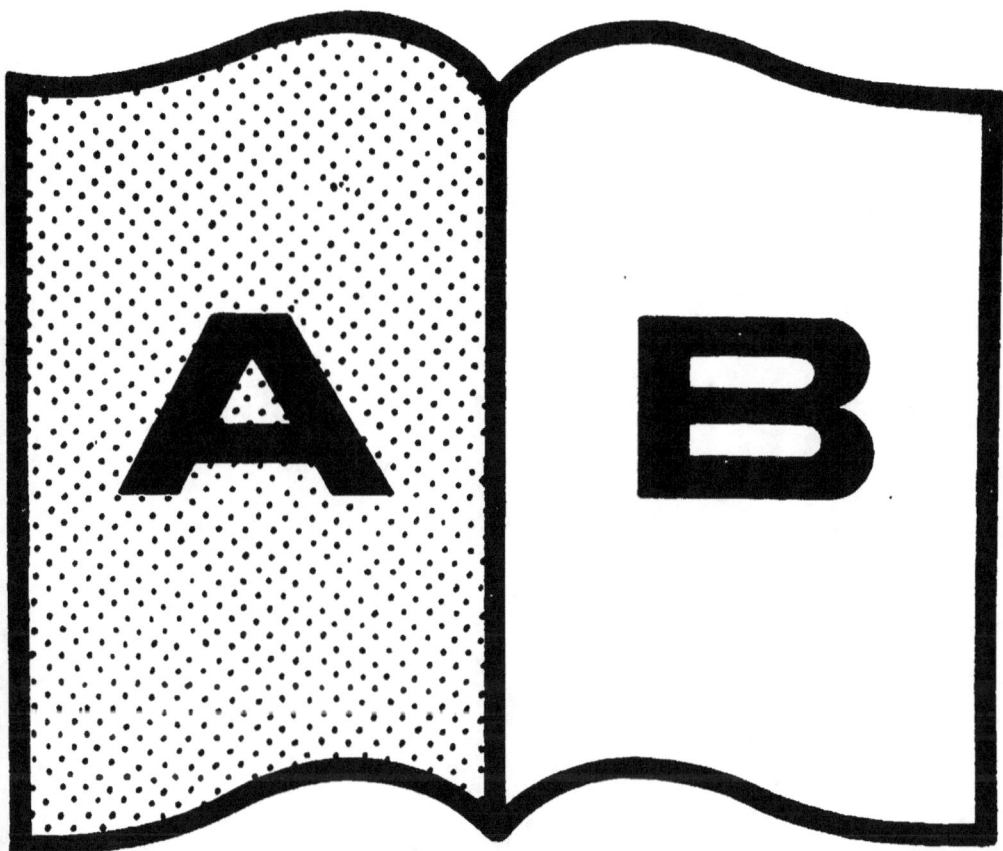

Contraste insuffisant

NF Z 43-120-14

www.ingramcontent.com/pod-product-compliance
Lightning Source LLC
LaVergne TN
LVHW022133080426
835511LV00007B/1118